Moin, moin liebe Syltliebhaber und Genießer,

es ist schon ein besonderes Glück, auf Sylt, diesem Fleckchen Erde in der Nordsee, leben zu dürfen.

Das wissen wir! Und das genießen wir. Auch Sie werden wissen, warum Sie gerade Deutschlands nördlichste Insel als Urlaubsort ausgewählt haben. Wie heißt es so schön: Hier scheint der Himmel besonders hoch, die Luft klarer und der Wind frischer zu sein als anderswo. Mit rund 1750 Sonnenstunden pro Jahr, 40 Kilometern Sandstrand und ihrer einzigartigen Natur wird Sylt zu Recht „die Perle der Nordsee" genannt.

Aber nicht nur die Natur auch die gastronomische Vielfalt unserer Insel ist einzigartig! Gourmettempel, Strandlokale und gemütliche Friesenkneipen laden ein. Fischspezialitäten in allen Variationen rangieren ganz oben auf den Speisekarten.

Das Meer spielt als Lieferant von Fischen und Schalentieren die Hauptrolle im kulinarischen Angebot der Insel. Die gilt vor allem für Scholle, Seezunge und Matjes aber auch für Krabben und Austern. Auch die Fleischliebhaber unter Ihnen kommen nicht zu kurz. Die Sylter Salzwiesenlämmer gelten als besondere Delikatesse. Durch den Einfluss des Meeres erhält ihr Fleisch auf Grund des stark salz- und jodhaltigen Grases, das sie fressen, einen sehr würzigen und aromatischen Geschmack. Aber auch die friesischen Klassiker wie Labskaus, Grünkohl mit Schweinebacke oder das Traditionsgericht „Birnen, Bohnen, Speck" sind auf vielen Speisekarten zu finden und bei den Gästen heiß begehrt.

Wir fühlen uns seit über 30 Jahren mit Leib und Seele als Sylter und kochen für unser Leben gern. Viele unserer Gäste und Kunden haben uns erzählt, dass sie die Sylter Köstlichkeiten nachkochen und sozusagen eine kulinarische Ferienerinnerung mit nach Hause nehmen möchten. Wir sind immer wieder gefragt worden, wie wir die Muschelsuppe oder die Speckscholle zubereiten oder welche Zutaten denn in die Fliederbeersuppe gehören.

Damit Sie zu Hause ihre Ferienerinnerungen kulinarischer Art wiederbeleben können, haben wir für Sie unsere Lieblingsrezepte aus der Sylter Küche, jeweils ausgerichtet auf 4 Personen, zusammengestellt. Alle unsere Rezepte sind bei uns und unseren Familien und Freunden im Einsatz, damit also sozusagen „dauergetestet" und ausführlich beschrieben, so dass sie garantiert gelingen.

Wir wünschen Ihnen einen guten Appetit & Urlaubsstimmung pur!

Petra Fuchs & Gela Gerdt

Bibliografische Informationen der Deutschen Nationalbibliothek:
Die Deutsche Nationalbibliothek verzeichnet diese Publikation
in der Deutschen Nationalbibliothek; detaillierte bibliografische
Daten sind im Internet unter http://dnb.d-nb.de abrufbar.

© 2011 sylt|kultur medienverlag GmbH & Co KG
http://www.syltkultur-medienverlag.de
info@syltkultur.de

SYLT

KULINARISCHE GENÜSSE

42 Rezepte als Souvenirs für Zuhause
zubereitet und aufgeschrieben
von
Petra Fuchs & Angela Gerdt

Mit Fotos von Hedwig Bäuning u. a.

sylt|kultur
medienverlag

Austern, Thunfisch, Rote Beete & Co.

KLEINE KÖSTLICHKEITEN NICHT NUR ZUM START...

Krabben, Muscheln, Grünkohl & Co.

ZUM LÖFFELN AUS TIEFEN TELLERN

Scholle, Seezunge, Matjes & Co.

NEPTUNS KÖSTLICHKEITEN FÜR ALLE FREUNDE VON FISCHERS FRITZ

Lammkeule, Schweinbacke, Kochwurst & Co.

EIN EHRLICHES STÜCK FLEISCH VON SAFTIGEN SYLTER WIESEN

Rote Grütze, Eierlikörtorte, Mehlbeutel & Co.

DAS SÜSSE FINALE

Pflaume, Mirabelle, Quitte & Co.

SYLTER FRÜCHTCHEN - SÜSS UND HOCHPROZENTIG

Austern, Thunfisch,
KLEINE KÖSTLICHKEITEN NICHT NUR ZUM START...
Rote Beete & Co.

Kleine Köstlichkeiten nicht nur zum Start…

Nicht nur wenn sich bei uns Besuch vom Festland ansagt, beginnen wir ein festliches Essen mit Austern. Schließlich liegt Deutschlands einzige Austernzucht direkt vor unserer Tür. Aber unsere Sylter Royal erhalten Sie nicht nur auf der Insel, von List aus werden die Austern auch zu Ihnen vor Ort geliefert. Eingepackt in die hübschen Spankörbchen kommt die Sylter Köstlichkeit direkt zu Ihnen nach Hause. Wie viele Austernliebhaber wähle ich - anders als mein Mann, der den naturbelassenen Zustand mit einem Spritzer Zitrone bevorzugt - ein Rezept bei dem die Auster erhitzt wurde, aber ihren feinen Geschmack voll bewahrt.

TIPP von PETRA:

„Falls Sie keinen Austernteller haben, setzen Sie die Austern einfach in Salzhäufchen, so vermeiden Sie das Umfallen dieser unwiderstehlichen Köstlichkeiten."

Austern überbacken

Je nach Menüfolge starten wir mit 3 oder 6 Austern pro Person.

12	Austern „Sylter Royal"
100g	Butter
1 TL	kleingehackte Petersilie
1	Messerspitze zerriebener Knoblauch
1	Zitrone
½	Tasse frische Weißbrotkrume
50g	Gruyère

1. Austern vorsichtig öffnen und in der unteren tieferen Schale mit dem Seewasser in einer feuerfesten Form anordnen.

2. Auf jede Auster ein Butterstückchen setzen und einige Tropfen Zitronensaft träufeln.

3. Weißbrotkrume durch ein Sieb streichen, damit sie möglichst fein ist. Gruyère fein reiben.

4. Auf jede Auster dann ein paar Brotkrumen und etwas Gruyère streuen.

5. Im vorgeheizten Backofen bei 170-180 Grad goldbraun überbacken und sofort auftragen.

Lachstatar

Dies ist eine kleine feine Vorspeise, bei der Sie bei der Qualität des Balsamico Essigs bitte nicht sparen sollten. Wegen des kräftigen Geschmacks und der Farbe – das Auge isst mit – sollten Sie unbedingt grünen Spargel nehmen.

500g	grüner Spargel
350g	frisches Lachsfilet ohne Haut und Gräten
1	Schalotte
2	Limetten
20g	Ingwer-Meersalz
–	frisch gemahlener Szechuanpfeffer
–	weißer Balsamico
–	Olivenöl

1. Den grünen Spargel waschen und die Enden großzügig abbrechen.
2. Den Spargel mit einem Sparschäler in dünne Späne schälen.
3. Den Rest, der mit dem Spargelschäler nicht mehr zu schälen ist, in kleine Würfel schneiden und für das Tatar zur Seite stellen.
4. Den Spargelsalat mit Meersalz, Pfeffer, weißem Balsamico und Olivenöl abschmecken.
5. Den Lachs am besten gut durchgekühlt in kleine Würfel schneiden, die Schalotte geschält fein hacken.
6. Die Limetten auspressen, den Ingwer schälen und reiben und die kleinen Würfel vom grünen Spargel dazu geben, mit Meersalz und Szechuanpfeffer abschmecken.
7. Das Tatar sollte einige Stunden im Kühlschrank abgedeckt durchziehen. Man kann es gut einen Tag vorher zubereiten.
8. Das Tatar mit dem Spargelsalat auf einem Teller anrichten.

TIPP von PETRA:

„Möchten Sie eine üppigere Vorspeise, kombinieren Sie ruhig eine Portion Lachstatar mit einer Portion Matjestatar. Damit der eventuelle Sud nicht in einander läuft, richten Sie jede Portion auf einem Salatblatt oder aber ganz maritim in Muschelschalen an. "

Lachs...

Matjestatar

Zum Sonnenuntergang am Strand sitzen und Matjes essen – auch das ist Sylt! Wundern Sie sich nicht, dass wir Ihnen insgesamt drei Rezepte mit Matjes anbieten. Hier auf der Insel ist er sozusagen ein Grundnahrungsmittel. Aber im Ernst – auch wenn mir einmal nicht einfällt, was ich kochen soll, mit einem schmackhaften Matjestatar liege ich bei Fischliebhabern immer ganz vorne.

4	Matjesfilets
1	Apfel
8	Radieschen
1	Bund Schnittlauch (ein wenig zur Dekoration übrig lassen)
1	Essiggurke
1	Schalotte
1	rote Zwiebel
2 EL	Olivenöl
2 EL	Sherryessig
–	Friesenbrot und Butter

1. Alle Zutaten gleichmäßig sehr klein schneiden und mischen.

2. Essig und Öl verrühren und dazugeben und das Ganze vermischen.

3. Friesenbrotscheiben mit Butter bestreichen, mit restlichem Schnittlauch belegen und mit dem Matjestartar anrichten.

TIPP von GELA:

„Das Matjestartar schmeckt auch hervorragend zu Pumpernickeltalern oder kleinen Reibekuchen. Perfekt sieht es aus, wenn Sie das Tatar in kleine Kaffeetassen oder Butterförmchen füllen, 1/2 Std. im Kühlschrank stehen lassen und dann auf ein Salatblatt stürzen."

Grüße von See...

14

Sylter Liebesteller

Frisch gefangene Krabben aus dem Lister Hafen oder aus dem Hörnumer Hafen!
Haben Sie sie in Ihrem Urlaub auch frisch vom Kutter gekauft und selbst gepuhlt?
Wie heißt es so schön? Die Liebe geht durch den Magen!

4	Scheiben Friesenbrot
12	Eichlaubsalatblätter
400g	Krabbenfleisch
4	Eier
1	Päckchen Kresse
12	Cocktailtomaten
–	Butter

1. Friesenbrotscheibe so durchschneiden, dass zwei Dreiecke entstehen und mit Butter bestreichen.

2. Spiegeleier braten.

3. Salatblätter auf dem Teller anrichten und mit Brot, Krabben und Spiegelei belegen.

4. Cocktailtomaten halbieren und mit der Kresse zusammen als Dekoration auf den Teller geben.

TIPP von GELA:

*„Wenn es nach noch mehr Liebe aussehen soll, kaufen
Sie für Ihre Bratpfanne doch Herzförmchen und braten
Sie Spiegeleierherzen."*

15

Kleine Köstlichkeiten nicht nur zum Start…

TIPP von PETRA:

„Auch Ziegenfrischkäse oder gehobelter Parmesan schmecken hervorragend zu der Roten Beete."

Rote Beete Carpaccio

Ein einfaches Rezept, das Sie sehr gut vorbereiten können, wenn Gäste kommen. Wenn sich das Rot der Rote Beete-Knollen mit dem Weiß des Käses und dem hellen Grün der Kresse mischt, wissen Sie, warum es heißt, „das Auge isst mit".

4	mittelgroße Knollen Rote Beete
4	rote Zwiebeln
1	Paket Kresse
2 EL	Honig
2 EL	Distelöl
1 EL	alter Balsamico Essig
2 EL	Portwein
2 EL	Vincotto Peperoncino
200g	Gorgonzola-Mascarpone
50g	Pinienkerne
–	Meersalz
–	Pfeffer (Melange Noir)

1. Rote Beete in Salzwasser garen, kalt abschrecken und pellen.

2. Rote Zwiebeln in Ringe schneiden, im Distelöl andünsten und mit Honig karamellisieren. Mit Vincotto und Portwein ablöschen, etwas köcheln lassen und mit Melange Noir abschmecken.

3. Rote Beete noch warm in Scheiben schneiden - am einfachsten geht es auf der Aufschnittmaschine - und auf großen Tellern anrichten. Großzügig eine Mischung aus Salz, Pfeffer, Distelöl und Balsamico darüber geben.

4. Mit 2 Teelöffeln kleine Häufchen aus Gorgonzola-Mascarpone auf die Rote Beete setzen. Dazwischen das Zwiebelkompott verteilen.

5. Die Pinienkerne kurz in einer beschichteten Pfanne rösten und zusammen mit der Kresse über das Ganze streuen.

Thunfisch im Sesammantel mit Kohlrabisalat

Wir können auch asiatisch! Diese Einflüsse werden Sie in der Sylter Gastronomie immer wieder entdecken. Wie bereits eingangs erläutert, finden Sie nicht nur friesisch-boden-ständige Gerichte unter unseren Rezepten, sondern auch die leichte, junge Sylter Küche.

300g	Thunfisch in Sushiqualität
100g	Sesam schwarz oder weiß angeröstet
100g	gemischte frische Kräuter (z.B. Koriander, Petersilie, Schnittlauch, Dill)
2	Kohlrabi
-	Weißer Balsamico
1 EL	Sesamöl
3 EL	Olivenöl
-	Meersalz
-	Pfeffer (Melange Noir)
-	Soja-Ingwer Öl
1	Paket Kresse

Thunfisch...

1. Thunfisch in Stangen schneiden, etwa 3 x 3 cm, und mit Salz und Pfeffer würzen.

2. Die Thunfischstangen im Sesamöl von allen Seiten je ca. 10 Sek. anbraten.

3. Die Hälfte der Stangen in dem gebräunten Sesam wälzen, die 2. Hälfte in den gehackten Kräutern.

4. Die Thunfischstangen in gleichgroße Würfel schneiden und auf Tellern anrichten.

5. Kohlrabi schälen, auf der Aufschnittmaschine in hauchdünne Scheiben schneiden, diese
   dann in Streifen schneiden und mit Salz, Pfeffer, weißem Balsamico und Olivenöl abschmecken.

6. Kohlrabistreifen mit den Thunfischwürfeln anrichten, Würfel mit Soja-Ingwer Öl umgießen und mit der Kresse garnieren.

TIPP von PETRA:

*„Hierzu passt auch wunderbar ein Relish aus 2 EL kleingeschnittenem Ingwer,
2 EL kleingeschnittenem frischen Knoblauch und einer entkernten, kleingeschnittenen
Chilischote verrührt mit 1 EL Sesamöl, 2 EL Sojasauce und 4 EL frisch gepresstem Orangensaft."*

19

Bei unseren Radtouren über die Insel mit Kindern und Enkelkindern sind zwei Sachen feste Bestandteile unseres Picknickkorbs: geräucherte Makrelen und der Kartoffelsalat wie ihn Cousine Lina als erste für die Familie zubereitet hat. Es muss ja nicht immer mit Speck sein!

Makrele...

Geräucherte Makrelen
mit Cousine Linas Kartoffelsalat

500g	Kirschtomaten
800g	kleine Kartoffeln
120g	schwarze Oliven entsteint
2 EL	Rosmarinnadeln frisch
2 EL	frische Thymianblättchen
3 EL	weißen Balsamico
7 EL	feinstes Olivenöl
-	Meersalz
-	Pfeffer grob gemahlen
1	Messerspitze Senf
4	geräucherte Makrelen

1. Kartoffeln kochen, pellen und nach dem Auskühlen in Scheiben schneiden.

2. Oliven und Tomaten halbieren, mit den Rosmarinnadeln und den Thymianblättchen zu den Kartoffeln geben.

3. Essig mit den Gewürzen mischen, mit Öl verrühren und mit den anderen Zutaten vermischen.

4. Kartoffelsalat mindestens 30 Min., besser noch über Nacht durchziehen lassen.

5. Die Makrelen kaufen Sie bei einem unserer Fischhändler auf der Insel – seien Sie ehrlich: Gibt es bei Ihnen zu Hause auch so gute?

TIPP von GELA:

„Geräucherte Makrelen sind kein kalorienarmes Gericht, deshalb sollten Sie immer einen Korn bereit halten."

21

TIPP von PETRA:

„Reichen Sie noch je eine Schale mit Mangostückchen, Frühlingszwiebelringen und Korianderblättchen zum „Nachnehmen" dazu. Ihre Gäste werden sich bestimmt freuen."

Shrimps mit Linsengemüse und Mango

Ebenso wie für die Scholle finden Sie für Shrimps auf der Insel auch unzählige Zubereitungsarten. Unsere Variante ist auf den ersten Blick durch die Linsen bodenständig, erhält aber durch die Mango und die Kokosmilch eine exotische Note.

250g	Le-Puy-Linsen oder Berglinsen
1	Knoblauchzehe
2	Schalotten
3 EL	Olivenöl
400 ml	Kokosmilch
200g	Shrimps
1	reife Mango
1	Bund Frühlingszwiebeln
1	Bund Koriander
-	Meersalz
-	Schwarzer Pfeffer aus der Mühle
1 EL	Nam Prik Paste

1. Linsen waschen und 5 Min. in kochendem Wasser blanchieren, anschließend abgießen und kalt abspülen.

2. Knoblauch und Schalotten schälen, fein hacken und in 1-2 EL Olivenöl in einem Topf anschwitzen.

3. Die Linsen dazu geben und alles mit Kokosmilch auffüllen, ca. 20 Min. ziehen lassen bis die Linsen weich sind und dann mit Salz, Pfeffer und Nam Prik Paste abschmecken.

4. Die Shrimps in dem restlichen Öl so lange braten bis sie knusprig sind (ca. 5 Min.).

5. Das Fruchtfleisch der geschälten Mango in Würfel schneiden.

6. Koriander waschen, trocken tupfen und grob hacken.

7. Geputzte und gewaschene Frühlingszwiebeln in dünne Ringe schneiden.

8. Linsen auf den Teller geben, Scampis darauf häufen und mit Mangowürfeln, Koriander und Frühlingszwiebeln servieren.

Shrimps mit Vanille-Fleur de Sel und Cocktailtomaten

Wenn es einmal ganz schnell gehen soll und trotzdem raffiniert sein muss, eignen sich immer außergewöhnliche Gewürzmischungen, wie z.B. das Fleur de Sel mit Vanille.

500g	**rohe Shrimps**
250g	**Cocktailtomaten**
-	**Olivenöl**
-	**Fleur de Sel mit Vanille**
-	**Pfeffermischung Melange Blanc**
1	**Schuss trockener Weißwein**
1	**Schuss Pernod**

1. Olivenöl in einer großen Pfanne heiß werden lassen und die Shrimps dazu geben.
2. Von jeder Seite etwa 3 Min. anbraten und mit dem Fleur de Sel mit Vanille und der Melange Blanc kräftig abschmecken.
3. Mit etwas trockenem Weißwein und dem Pernod ablöschen.
4. Die Tomaten halbieren und zu den Shrimps geben.
5. Das Ganze noch einmal 2 Min. durchmischen und fertig ist es.

TIPP von PETRA:

„Die fertige Mischung Fleur de Sel mit Vanille hat den Vorteil, dass man nicht zu viel Vanille nimmt. Die Mischung ist perfekt abgestimmt. Variieren können Sie das Gericht, indem Sie die Tomaten gegen Möhrenscheiben tauschen. Beide schmecken leicht süßlich und sind daher die ideale Beilage."

Shrimps...

26

Krabben, Muscheln,

ZUM LÖFFELN AUS TIEFEN TELLERN

Grünkohl & Co.

TIPP von PETRA:

„In kleineren Portionen serviert ist diese Suppe eine ideale Vorspeise. Soll sie ein Hauptgericht sein, versuchen Sie es doch einmal mit einer Anlehnung an die französische Küche und geben Sie kleine geröstete Weißbrotscheiben mit Rouille auf den Tisch."

Sylter Fischsuppe mit Safran

In unsere Fischsuppe kommt, was der Markt frisch zu bieten hat. Mittlerweile kann man sie ja das ganze Jahr über kaufen, so dass unsere geliebten Shrimps auch hier nicht fehlen dürfen.

500ml	Gemüsefond
500ml	Fischfond
500ml	Geflügelfond
500ml	Weißwein
1	Knoblauchzehe
1	Fenchelknolle
1	Bund Frühlingszwiebeln
1/4	Staudensellerie
1	kl. Peperoni
3	EL Olivenöl
2	Zweige frischer Thymian
700g	Dosentomaten
-	Meersalz
-	Szechuanpfeffer
1-2	Dosen Safranfäden
-	rosa Pfeffer
2	Zitronen

Je nach Wahl:
Lachs, Steinbeißer, Scampi, Rotbarsch, Zander (insgesamt 800g)
1 Bund glatte Petersilie

1. Gemüse waschen, kleinschneiden, in Olivenöl andünsten, mit Fond und Weißwein auffüllen.

2. Thymian zugeben und 30 Min. köcheln lassen.

3. Dosentomaten abtropfen lassen und kleinschneiden. Mit dem Safran in die Suppe geben.
   Mit Salz und Pfeffer kräftig abschmecken.

4. Fisch waschen, in mundgerechte Stücke schneiden und in Zitronensaft säuern.

5. Fisch mit Küchenkrepp gut trocknen und in die Suppe geben. 5 Min. in der heißen Suppe ziehen lassen.

6. Vor dem Servieren mit kleingeschnittener glatter Petersilie bestreuen.

Steckrübensuppe

Die gute alte Steckrübe erlebt gerade auch in der Sylter Gastronomie eine Renaissance. Mit ihrem süßlich-herben Geschmack – ein wenig nach Möhre, ein wenig nach Kohlrabi – eignet sie sich hervorragend für Suppen.

800g	Steckrüben
2	Schalotten
700g	Gemüsebrühe
200g	Sahne
-	frisch geriebene Muskatnuss
-	Meersalz
-	Pfeffermelange
2 EL	Olivenöl
100g	Bacon
-	glatte Petersilie

1. Schalotten schälen, kleinschneiden und in Olivenöl andünsten.

2. Steckrüben großzügig schälen, kleinschneiden und dazu zugeben.

3. Gemüsebrühe und Sahne angießen, salzen, pfeffern und im geschlossenen Topf 25-30 Min. kochen lassen. Danach mit dem Pürierstab zerkleinern, aufschäumen und mit frisch geriebener Muskatnuss würzen.

4. Bacon in einer Pfanne ausbraten, auf Küchenkrepp abtropfen lassen und mit der Suppe anrichten.

5. Mit Petersilienblättchen dekorieren.

TIPP von GELA:

„Statt der klassischen Variante mit Bacon nehmen wir hier auf der Insel auch gerne eine Handvoll frisch gepuhlter Nordseekrabben. Eine wunderbare Geschmacksvariante!"

Steckrübensuppe...

Zum Löffeln aus tiefen Tellern…

TIPP von GELA:

„Die Grünkohlsuppe schmeckt nicht nur mit geräuchertem Fleisch, wie Mettwürstchen oder Kassler. Probieren Sie sie auch einmal mit Lammfiletstückchen als Einlage."

Grünkohlsuppe

Für uns Sylter ist diese Suppe schon fast ein Grundnahrungsmittel in der Winterzeit. Sie finden sie bei uns zum Brunch, zum Mittagessen oder zum Abendbrot. Und aufgewärmt mögen wir sie am liebsten.

1500g	frischer Grünkohl
1500g	Beinfleisch oder Kasslernacken
2-3l	Wasser
2	Zwiebeln
4	Möhren
5	Kartoffeln
4	Mettwürstchen
-	Salz

1. Grünkohl vom Stängel streifen, waschen, blanchieren, kleinschneiden.
2. Fleisch, zerkleinerte Zwiebel und Salz in 2-3l Wasser 1 Std. leise köcheln.
3. Möhren und Kartoffeln waschen, schälen, kleinschneiden. Mit dem Grünkohl und den Mettwürstchen in die Brühe geben und nochmals 1 Std. kochen lassen.
4. Fleisch herausnehmen, in mundgerechte Stücke schneiden und in die Suppe geben. Mit Salz und Pfeffer würzen.

Abwandlung für ganz Eilige:

1	Dose Grünkohl natur (nur blanchiert, nicht angemacht)
2	Zwiebeln
4	Möhren
5	Kartoffeln
4	Kochwürste
800g	durchwachsener Speck
2l	Fleischbrühe
-	Salz
-	Pfeffer

1. Geschälte und zerkleinerte Zwiebel, Möhren und Kartoffeln in Öl anschmoren.
2. Grünkohl, Kochwürste und Speck zugeben, mit Fleischbrühe auffüllen und 45 Min. kochen, mit Salz und Pfeffer würzen.

33

Krabbensuppe Lister Art

Der Tag vergeht, die letzten Sonnenstrahlen versinken im Meer und die Luft ist noch warm. Erinnern Sie sich, als Sie in einem unserer wundervollen Strandlokale eine Krabbensuppe gegessen haben? Träumen Sie sich mit unserem Suppenrezept dorthin!

500g	**Krabben ohne Schale**
500g	**Krabben mit Schale**
1	**Bund Suppengrün**
40g	**Mehl**
40g	**Butter**
500ml	**Weißwein**
2 TL	**Demi Glace Fischfond**
-	**Meersalz**
2 EL	**Pernod**
-	**frisch gemahlener Pfeffer**
250ml	**Schlagsahne**
1	**Strauß Dill**
1 TL	**Fenchelsamen**

TIPP von PETRA:

„Ein Hauch Cayenne und eine Prise Curry runden jedes Gericht ab, auch dieses! Haben Sie schon einmal den dunkel-lilafarbenen Purple Curry versucht?"

1. Weißwein erwärmen, Demi Glace Fischfond darin auflösen, Krabben getrennt in kaltem Wasser abspülen.

2. Die Krabben ohne Schale kaltstellen, Krabben mit Schale grob hacken.

3. Suppengrün putzen und kleinschneiden.

4. Gehackte Krabben, Fenchelsamen und Gemüse mit 1,5 l Wasser aufkochen und bei milder Hitze 30 Min. im offenen Topf kochen lassen, dann durchsieben.

5. Mehl und Butter anschwitzen und mit Krabbensud und Weißwein-Demi Glace ablöschen. Alles 5 Min. bei kleiner Hitze köcheln lassen und mit Salz und Pfeffer würzen.

6. Sahne steifschlagen und mit Pernod würzen.

7. Krabben ohne Schale (einige für die Garnitur aufbewahren) in die Suppe geben und kurz erwärmen.

8. Suppe in die Teller füllen und mit Dill und frischen Krabben garnieren.

Krabbensuppe...

Zum Löffeln aus tiefen Tellern…

Muschelsuppe nach Tante Inken

Meine Tante Inken pflegte beim Genuss ihrer Muschelsuppe zu sagen:
„Dafür wird man geheiratet!" Sie musste es ja wissen, schließlich war sie
3 Mal verheiratet.

1,5 kg	Miesmuscheln
100g	Schalotten
3	Knoblauchzehen
100g	Möhren
100g	Staudensellerie
100g	Porree
100g	Fenchel
1	Lorbeerblatt
100g	Butter
1/2 l	trockener Weißwein
1 EL	Olivenöl
½ l	Schlagsahne
1	Döschen Safranfäden
4 EL	Noilly Prat
-	glatte Petersilie

TIPP von GELA:

„Muscheln essen wir nur in Monaten, die den Buchstaben „r" enthalten. Auch wenn Ernährungsexperten streiten, ob diese Regel heute noch ihre Berechtigung hat, gilt für uns Friesen sicher ist sicher, und das mit dem „r" hat schließlich schon unser Goge (Opa) gesagt."

1. Muscheln in kaltem Wasser waschen bis das Wasser klar ist.
2. Schalotten, 2 Knoblauchzehen sowie das restliche Gemüse putzen und kleinschneiden.
3. 40g Butter in einem großen Topf erhitzen, die Hälfte der Schalotten und des Knoblauchs andünsten.
   Muscheln und Lorbeerblatt hinzufügen, Wein angießen und bei starker Hitze im geschlossenen Topf
   10 Min. garen.
   Dabei den geschlossenen Topf mehrfach kräftig hin und her rütteln, damit sich die Muscheln gut vermischen.
4. Muscheln durch ein sehr feines Sieb gießen und den Sud auffangen.
5. Geschlossene Muscheln aussortieren und wegwerfen, aus den anderen das Fleisch auslösen.
6. Öl in einem Topf erhitzen, restliche Schalotten, den Knoblauch sowie das Gemüse
   (etwas davon zum Garnieren aufheben) 5 Min. darin dünsten.
7. Muschelsud, Sahne und Safranfäden hinzufügen und 4 Min. leise köcheln.
   Muschelfleisch dazugeben und kurz erhitzen.
8. Mit Meersalz, Pfeffer und Pernod abschmecken.
9. Mit glatter Petersilie, Gemüse und Muscheln garnieren.

Kürbissuppe

Wenn die ersten Herbststürme über die Insel brausen, wird es Zeit für warme Suppen.
Wir mögen diese Variante der Kürbissuppe mit Orangensaft und Ingwer am liebsten.
Ansonsten gilt: Hauptsache cremig!

700g	**Hokaidokürbis**
1	**Porreestange**
2	**Möhren**
2	**rote Paprikaschoten**
4 EL	**Olivenöl**
100g	**frischer Ingwer**
250ml	**Asiafond**
250ml	**Gemüsefond**
200ml	**Orangensaft frisch gepresst**
250ml	**Kokosmilch**
-	**Kürbiskernöl**
-	**Meersalz**
-	**Weißer Pfeffer aus der Mühle**
-	**Austernsauce**
-	**Gewürzmischung Raz el Hanout**
-	**frischer Schnittlauch**

1. Gemüse waschen, schälen, kleinschneiden und mit dem geschälten und kleingeschnittenen Ingwer in Olivenöl andünsten.

2. Mit Asia-, Gemüsefond und Orangensaft auffüllen und 30 Min. köcheln lassen.

3. Kokosmilch dazugeben, pürieren, mit Salz, Pfeffer, Raz el Hanout und einem Spritzer Austernsauce würzen.

4. Mit Schnittlauch, Kürbiskernöl und einer Spur Kokosmilch anrichten.

TIPP von GELA:

„Die Suppe als solche ist schon köstlich – wenn es etwas mehr sein darf, können Sie auch eine gebratene Gamba als Einlage servieren. Als Garnitur eignen sich auch geröstete Kürbiskerne oder Chilifäden."

Hummersuppe

Hmmm! Die wunderbarste aller Suppen, wenn sie aus frischem Hummer zubereitet wird!
Hummer pur, so mögen wir es am liebsten.

1	gekochter Hummer vom Fischhändler aufgebrochen und entdarmt
2 EL	bestes Olivenöl
1 EL	Tomatenmark
je 50ml	Cognac, Noilly Prat und Portwein
500ml	Sahne
200ml	Weißwein
1 TL	Demi Glace Fischfond
-	Meersalz
-	Cayennepfeffer
-	evtl. Dillzweige zur Dekoration

1. Hummerfleisch aus Panzer und Scheren lösen und kaltstellen.

2. Hummerschalen 5 Min. bei starker Hitze in Olivenöl rösten, Tomatenmark zugeben und 2 Min. mit rösten.

3. Cognac, Noilly Prat und Portwein nacheinander zugeben und einzeln verdampfen lassen.

4. Weißwein und Demi Glace sowie Sahne zufügen, aufkochen lassen und 35 Min. ziehen lassen.

5. Hummerfleisch ungefähr in 16 Stücke schneiden.

6. Die Hummersuppe durch ein feines Sieb gießen, aufkochen und mit Meersalz und Cayennepfeffer abschmecken.

7. Hummerfleisch in die Suppe geben und kurz erhitzen.

8. Suppe in vorgewärmte Suppenteller füllen und evtl. mit kleinen Dillzweigen garnieren.

TIPP von PETRA:

*"Probieren Sie die Hummersuppe doch auch einmal mit Pernodsahne!
Dazu 150 ml Sahne steifschlagen und mit Salz und 2 EL Pernod abschmecken.
Jeweils einen Löffel davon auf die in die Teller gefüllte Suppe geben."*

Scholle, Seezunge,
NEPTUNS KÖSTLICHKEITEN
FÜR ALLE FREUNDE VON FISCHERS FRITZ
Matjes & Co.

Neptuns Köstlichkeiten…

fangfrische
Scholle

TIPP von PETRA:

„Gebratene Plattfische werden grundsätzlich mit der hellen Seite nach oben serviert. Sie sehen so wesentlich appetitlicher aus und das Zusammenspiel mit Speck und Krabben kommt besser zur Geltung.“

44

Scholle Lister Art mit Krabben und Speck

Sylt hat wie Köln eine fünfte Jahreszeit. Während es dort der Karneval ist, ist es hier die Schollenzeit. Ab Mai geht es wieder los! Wenn Sie allerdings einen gewissen Respekt vor Gräten haben, sollten Sie warten bis die Schollen fleischiger geworden sind.

4	küchenfertige Schollen
2	Zitronen
200g	magerer geräucherter Speck
100g	Nordseekrabbenfleisch
2 EL	Mehl
100g	Butter
-	Meersalz
-	Pfeffer
1	Bund Petersilie

1. Schollen säubern, mit dem Saft einer Zitrone säuern, trockentupfen, salzen und pfeffern.
2. Speck würfeln und in einer Pfanne ohne Fett kross ausbraten. Anschließend warm stellen.
3. Schollen in Mehl wenden.
4. Butter in der Pfanne erhitzen und die Schollen mit der weißen Seite zuerst ins Fett geben.
5. Von jeder Seite ca. 6 Min. goldbraun braten, herausnehmen und warm stellen.
6. Nordseekrabbenfleisch kurz im Bratfett schwenken und erhitzen.
7. Die Schollen auf 4 Tellern anrichten und Speck und Krabbenfleisch darüber verteilen, mit der kleingehackten Petersilie bestreuen und mit Zitronenspalten garnieren.

45

Seezunge pur nach Onkel Fiete

Mein Onkel Fiete mochte auf seinem Teller kein „Chi-Chi", wie er es nannte. Also gab es die Königin der Meeresfische pur – nicht als eingerolltes Filet, nicht mit Sahnesauce aber als ganzer Fisch aus der Pfanne mit purer Butter. Auch wir mögen sie so am liebsten.

4	Seezungen
2	Tassen Mehl
2 EL	Butter
2 EL	Öl
-	Salz Pfeffer
2	Zitronen
1	Bund Dill

1. Fisch säubern, mit Zitronensaft säuern, abtupfen, salzen, pfeffern.

2. Butter und Öl in einer Pfanne erhitzen und die Seezungen leicht mehlieren.

3. Von jeder Seite bei mittlerer Hitze 4-6 Min. braten.

4. Mit Zitronenscheiben und Dill garniert servieren.

TIPP von GELA:

„Die Seezunge ist schnell gar. Also aufpassen! Nicht zu hohe Temperaturen einstellen und am besten am Herd warten.
Und erschlagen Sie den feinen Fisch bitte nicht mit einer dicken Remoulade. Auch hier gilt: Weniger ist mehr. Das wahre Geschmackserlebnis erhalten Sie mit Buttersauce. Dazu nur 200g Butter im Topf schmelzen, leicht bräunen und zu dem Fisch servieren."

46

Seezunge...

Neptuns Köstlichkeiten…

Lister Muscheltopf

Muscheln gehören zu jedem Urlaub am Meer und wenn Sie sie zu Hause essen, können Sie in Sylt-Erinnerungen schwelgen. Aber denken Sie daran, die Muscheln, die sich beim Kochen nicht öffnen, sofort zu entsorgen. Und spendieren Sie Ihren Gästen für den Muschelsud ruhig eine ganze Flasche kräftigen Weißwein, am besten einen Riesling.

1,5 kg	Miesmuscheln
100g	Lauch
100g	Fenchel
100g	Möhren
2	Knoblauchzehen
3 EL	Olivenöl
3	Zweige Thymian
1	Flasche trockener Weißwein
5 cl	Noilly Prat
-	Meersalz
-	schwarzer Pfeffer
1	Lorbeerblatt
75g	Butter

TIPP von PETRA:

„Wenn Sie es einmal ganz anders mögen: Rühren Sie Sahne oder Kokosmilch und Curry Anapurna (ein mittelscharfer Curry mit kräftigem Knoblauchanteil) in den Muschelfond. Die Sauce wird Sie begeistern!"

1. Muscheln in einem großen Topf mit kaltem Wasser ca. 30 Minuten wässern.

2. Muscheln vorsortieren. Bitte nur geschlossene Muscheln verwenden!

3. Möhren schälen und in feine, ca. 10 cm lange Streifen schneiden. Lauch putzen, waschen und ebenfalls in feine Streifen schneiden. Fenchel in kleine Stücke schneiden. Knoblauchzehen pellen und fein hacken.

4. Lauch, Möhren und Fenchel in einem großen Topf mit dem Öl unter Rühren ca. 3 Min. dünsten.

5. Dann den Knoblauch, Thymian und das Lorbeerblatt zusammen mit den Muscheln dazugeben und kurz anschwitzen. Wein und Noilly Prat zugießen und aufkochen. Salz und Pfeffer hinzufügen.

6. Zugedeckt 5 - 7 Min. kochen lassen, bis sich alle Muscheln geöffnet haben. Rütteln Sie dabei gelegentlich den Topf, damit die Muscheln gemischt werden. Muscheln, die nach dem Kochen immer noch geschlossen sind, aussortieren.

7. Butter in den Topf geben und kurz untermischen. Die Muscheln heiß servieren.

8. Mit gebuttertem Friesenbrot oder Baguette servieren.

Labskaus nach Seefahrer Art

In der Zeit der Segelschifffahrt als Gericht für Seefahrer und Matrosen, für die das Pökelfleisch zu der vorgeschriebenen Ration gehörte, entstanden, gibt es unzählige Varianten für dieses Gericht. Uneinig ist man sich bis heute, ob ein echtes Labskaus denn nun Fisch beinhaltet oder nicht. Ein echter Sylter antwortet natürlich mit „Ja!".

250g	Pökelfleisch vom Schwein		2	Matjesfilets
500g	Pökelfleisch vom Rind		500g	eingelegte Rote Beete
1	Lorbeerblatt		2	Gewürzgurken
6	Pfefferkörner		2	große Gewürzgurken zum Dekorieren
-	Salz		-	Salz, Pfeffer, Zucker
2	Zwiebeln mit je 4 Nelken gespickt		4	Rollmöpse
1l	Wasser		4	Eier
1 kg	Kartoffeln		1	Rote Beete
5	Zwiebeln		-	Zitrone
2 EL	Schmalz		-	Dill

1. Fleisch, Pfefferkörner, Salz und die mit Nelken gespickten Zwiebeln samt Lorbeerblatt in 1 l Wasser kochen bis das Fleisch gar ist. Das dauert 60 - 90 Min. Bei Bedarf die Brühe zwischendurch abschäumen.

2. Nach dem Garen abkühlen lassen und das Fleisch in Stücke zupfen.

3. Kartoffeln kochen, pellen und mit dem Fleisch in den Fleischwolf geben.

4. Zwiebeln kleinschneiden und in Schmalz braten.

5. Matjesfilet kleinschneiden, Rote Beete raspeln, Gurke fein schneiden.

6. Alles gut mischen, mit etwas Brühe auffüllen bis die gewünschte Konsistenz erreicht ist (vergleichbar mit Kartoffelbrei), mit Salz, Pfeffer und Zucker würzen.

7. Spiegeleier braten.

8. Restliche Rote Beete in Scheiben schneiden.

9. Gurke fächern.

10. Labskaus auf einen Teller geben, in die Mitte das Spiegelei legen, Rollmops, Rote Beete und Gurke danebenlegen, mit Zitrone und Dill garnieren.

Labskaus...

TIPP von GELA:

„Verwenden Sie für Ihr Labskaus kein frisches Rind- oder Schweine-fleisch! Gepökeltes Fleisch gibt ihm nämlich den unvergleichbaren kräftigen Geschmack, den echte Labskaus-Kenner so lieben.“

Neptuns Köstlichkeiten...

52

Brathering

Verführung auf nordfriesisch: Ein frisch gebratener Hering ist immer wieder eine Delikatesse.

4	Heringe
4 EL	Mehl
2 EL	Butterschmalz
-	Salz
-	Zitrone
8	Zweige Thymian

1. Frische ausgenommene Heringe säubern, säuern, salzen.
2. Dann in Mehl wenden und von beiden Seiten ca. 4 Min. in Butterschmalz goldbraun braten.
3. Mit Zitrone und Thymian dekorieren und mit Bratkartoffeln zusammen servieren.

Eingelegter Brathering

4	gebratene, abgekühlte Heringe
4	Zwiebeln
3/8 l	Essig
1/4 l	Wasser
5	Pfefferkörner
-	Salz
-	Zucker
2	Lorbeerblätter
4	Senfkörner
1	Stängel Dill

1. Heringe in eine Schüssel legen und mit in Ringe geschnittenen Zwiebeln bedecken.
2. Essig, Wasser und Gewürze mischen, aufkochen und den Sud über die Heringe geben.
3. Das Ganze am besten 2-3 Tagen durchziehen lassen. Die Heringe halten sich im Kühlschrank 7 Tage.

TIPP von PETRA:

„Braten Sie doch einfach die doppelte Menge Heringe – so ist der kräftige Fischgeruch nur einmal im Haus – und legen Sie die Hälfte der Heringe, wie oben beschrieben, ein."

Hummer klassisch

Das feste Fleisch des Hummers ist unverwechselbar.
Es gibt zahlreiche Zubereitungsarten.
Aber hier auf der Insel gilt: Pur ist mehr und klassisch ist Trumpf.

1	**gekochter Hummer (750g)**
250g	**Miracle Whip**
3 EL	**Ketchup**
-	**Saft einer Orange**
-	**Feines Meersalz**
-	**Pfeffermischung Melange Blanc**
2 EL	**Cognac**

1. Schwanz und Scheren von dem gekochten Hummer ablösen.
2. Den Schwanz der Länge nach mit einem großen Messer teilen.
3. Die Scheren mit einer Hummerschere seitlich aufschneiden und dann mit dem Messer aufschlagen.
4. Auf grünen Salatblättern mit Zitronenspalten anrichten.
5. Für die Cocktailsauce Miracle Whip, Ketchup, Orangensaft, Cognac und Gewürze verrühren und abschmecken.
6. Alles zusammen mit frischem Baguette servieren.

TIPP von PETRA:

„Europäische Hummer sind die Feinsten. Ihr Fleisch ist saftiger als das anderer Hummer. Sein Idealgewicht hat der Hummer mit 750g."

Hummer...

55

Wolfsbarsch im Gemüsebett

Auch hierbei handelt es sich um ein ideales Rezept, wenn Gäste kommen, weil Sie schon alles vorbereiten können. Während Sie die Vorspeise genießen, gart der auf dem Gemüsebett angerichtete Fisch im Backofen.

1	großer oder 2 kleine Fische (auch Loup de mer genannt), ca. 1000g
3	Fenchelknollen
2	Knoblauchzehen
2	Rispen Strauchtomaten
1	Bd. Thymian
4	Schalotten (ersatzweise 2 rote Zwiebeln)
150ml	Gemüsebrühe
2cl	Noilly Prat
6cl	Pastis
50g	Butter
2	Zitronen
-	Meersalz
-	Cayenne Pfeffer
-	Olivenöl

1. Schalotten kleinhacken, Fenchelknollen vom Grün befreien und längs in 3 mm dünne Scheiben schneiden und mit den zerhackten Schalotten mischen.
2. Gemüse in Butter andünsten, mit Pastis und Noilly Prat beträufeln, mit Salz und Cayenne Pfeffer würzen und die Gemüsebrühe dazu geben und garziehen lassen.
3. Dem ganzen ausgenommenen Fisch die Kiemen entfernen, da sie ansonsten unter dem Grill verbrennen.
4. Den Fisch unter fließendem Wasser abspülen, mit Küchenkrepp abtrocknen, mit Salz ausstreuen und dem ganzen Thymianbund und den zerhackten Knoblauchzehen füllen.
5. Fisch von außen mit Cayenne Pfeffer würzen und dem Saft einer Zitrone beträufeln.
6. Fisch auf ein Backblech legen, mit Olivenöl begießen und mehrfach darin wenden.
7. Den Fisch im vorgeheizten Backofen (220 Grad) ca. 10 Min. grillen, bis er richtig gut aussieht.
8. Anschließend die gegarte Fenchel-Schalotten-Mischung mit den Tomatenrispen auf das Blech geben und den Fisch mit der in Scheiben geschnittenen Zitrone belegen und im Backofen bei 150 Grad gar ziehen lassen, bis der Fisch sich von der Gräte lösen lässt – je nach Größe des Fisches 10-20 Min.
9. Den Fisch vor dem Servieren mit dem Fenchelgrün bestreuen und im Ganzen auf dem Blech auf den Tisch bringen und erst dort portionieren.

Wolfsbarsch...

TIPP von GELA:

„Als Beilage eignen sich kleine Pellkartoffeln in Butter geschwenkt oder einfach ofenwarmes Baguette."

57

58

Matjes nach Art der Sylter Hausfrau

Den wunderbar zarten Matjes der Insel kann man mittlerweile auch vielerorts auf dem Festland kaufen. Das Gericht ist ganz einfach. Es steht und fällt mit der schmackhaften weißen Sauce.

8	Matjesfilets
800g	junge Kartoffeln
150g	Crème Fraîche
250g	Mayonnaise
1	Zwiebel
1	Apfel
1 EL	Dill
-	Dill zum Dekorieren
1	Gewürzgurke
-	Salz
-	Pfeffer
-	Curry

1. Kartoffeln kochen und pellen.

2. Joghurt, Crème Fraîche, Dill und Mayonnaise miteinander verrühren.

3. Zwiebel pellen und kleinhacken, Apfel schälen und in kleine Stücke schneiden, Gewürzgurke ebenfalls in kleine Stücke schneiden.

4. Alle Zutaten mischen, mit Salz, Pfeffer und einer Prise Curry abschmecken.

5. Sauce mit den Matjesfilets und den Kartoffeln auf dem Teller anrichten und mit kleinen Dillstängeln garnieren.

TIPP von GELA:

„Wenn es schnell gehen soll, verzichten Sie einfach auf die Pellkartoffeln und richten Matjes auf Friesenbrot mit hart gekochten Eiern und Tomaten an. Zwiebelringe bitte nicht vergessen!"

Sylter Matjes mit grünen Bohnen

Wenn die Gemüsebeilage nicht fehlen soll, bereiten Sie den Matjes doch einmal mit frischen grünen Bohnen zu. Die sind schnell gegart und verbinden sich wunderbar mit dem würzigen Fisch.

8	Matjesfilets
800g	junge Kartoffeln
800g	grüne Bohnen
-	Bohnenkraut
40g	Butter
-	Salz, grobes Salz
-	Petersilie und kleine Tomaten zum Dekorieren

1. Kartoffeln kochen und pellen.

2. Bohnen waschen, putzen und mit dem Bohnenkraut in Salzwasser 20 Min. garen.

3. Butter in einer Pfanne schmelzen.

4. Abgetropfte Bohnen und Kartoffeln nacheinander in der zerlassenen Butter schwenken.

5. Beides mit den Matjesfilets auf einem Teller anrichten,
   mit grobem Salz bestreuen und mit Petersilie und Tomate garnieren.

Matjes...

TIPP von PETRA:

„Wenn Sie es richtig deftig wollen, gießen Sie doch einfach eine Speckstippe über die grünen Bohnen. Und weil es so lecker ist, auch über die Kartoffeln."

Lammkeule, Schweinbacke,
EIN EHRLICHES STÜCK FLEISCH VON SAFTIGEN SYLTER WIESEN
Kochwurst & Co.

63

TIPP von PETRA:

„Wenn Sie einen hübschen Schmortopf – wozu auch ein einfacher schwarzer Bräter zählt – oder eine Suppenterrine haben, sollten Sie das Gericht unbedingt darin auf den Tisch bringen und dort portionieren. Es sieht einfach schön aus und Ihren Gästen wird das Wasser im Mund zusammenlaufen."

Keitumer Lammstelzen

Ein Sylter Deichwiesenlamm ist immer ein Festessen. Während die Lammkrone zur hohen Koch-schule zählt, sind die Lammstelzen schön angeschmort im Bräter und dann mit dem Gemüse im Backofen weitergegart ein Gericht mit wenig Aufwand und auch für jeden Tag geeignet.

300g	rote Zwiebeln
200g	Sellerie
200g	Möhren
200g	Steckrübe
4	Knoblauchzehen
2	Lauchzwiebeln zum Dekorieren
4	Lammstelzen
4 EL	Olivenöl
-	Meersalz, Pfeffer
-	frisch gemahlene Kräuter der Provence
4 EL	Tomatenmark
6	Stiele Thymian
1	Sternanis
1	Kapsel Koriander
1	Zitrone
150ml	Rotwein
400g	Lammfond

1. Lammstelzen von Haut und Sehnen befreien und das Gemüse waschen, putzen und grob würfeln.

2. Lammstelzen in Olivenöl anbraten und kräftig salzen und pfeffern.

3. Gemüse in einem anderen Topf anbraten, Tomatenmark dazugeben und mit braten.

4. Gemüse zu den Lammstelzen geben, Thymian und Koriander waschen, die Blätter von den Stielen zupfen, mit Sternanis, Kräutern der Provence und Rotwein zusammen zu den anderen Zutaten geben und aufkochen lassen.

5. Lammfond angießen und das Ganze bei 180 Grad zugedeckt für 2 Std. in den vorgeheizten Backofen schieben, gegen Ende der Garzeit eine unbehandelte geachtelte Zitrone dazugeben.

Sylter Grünkohl mit Kassler, Kochwürsten, Schweinebacke und süßen Kartoffeln

Unser Biikeessen! Spätestens ab dem 19. Februar wabbert der leckere Grünkohlduft mindestens für vier Tage über die Insel. Am 21.2., wenn die Biikefeuer brennen, ist er natürlich am intensivsten. Wie Sie an den Beilagen sehen, gibt es bei uns bei diesem Essen das „volle Programm"! Überraschen Sie Ihre Gäste doch auch einmal mit einer „Schweinebacke"!

2 kg	Grünkohl
4	Zwiebeln
100g	Schweineschmalz
1/4-1/2 l	Brühe (am besten von Kasslerknochen)
750g	geräucherte Schweinebacke
750g	Kassler
4	Kochwürste
-	Salz
-	Pfeffer

1. Grünkohl waschen, von den Stielen trennen und kleinschneiden.

2. Zwiebeln schälen, ebenfalls kleinschneiden und in Schweineschmalz anbraten.

3. Grünkohl dazugeben, unter Rühren mitbraten und salzen und pfeffern.

4. Ein wenig Brühe angießen.

5. Die Haut der Schweinebacke rautenförmig einschneiden - am besten mit einer Rasierkinge

6. Die Schweinebacke und das Kassler auf den Grünkohl legen und im geschlossenen Topf bei wenig Hitze 1,5 Std. garen. Bei Bedarf Brühe nachgießen.

7. In den letzten 30 Min. die Kochwürste mit im Topf garen.

8. Nach Ende der Garzeit Kassler und Schweinebacke in Scheiben schneiden und mit den Kochwürsten auf einer vorgewärmten Platte anrichten.

9. Grünkohl evtl. nachwürzen und in einer Schüssel anrichten.

Grünkohl, Kassler & Co....

Auf unserer Insel gibt es dazu nicht nur Bratkartoffeln,
wir schwören auf süße Kartoffeln...

Süße Kartoffeln (karamellisiert)

1kg	kleine Kartoffeln
125g	Butter
8 EL	Zucker

TIPP von GELA:

„Bitte keine üppige Nachspeise nach diesem Gericht! Damit uns das Essen gut bekommt, reichen wir Rumtopf mit Früchten."

1. Kartoffeln in der Schale kochen und pellen.

2. Butter in einer großen Pfanne erhitzen und die Kartoffeln noch warm hineingeben.

3. Zucker darüber streuen und alles zusammen unter Schwenken karamellisieren lassen.

67

Lammkeule vom Sylter Deichwiesenlamm mit Gorgonzolasauce und Selleriegratin

Das ideale Essen für viele Gäste! Während Lamm und Gratin im Ofen garen, können Sie ruhig einen längeren Klönschnack mit Ihren Gästen wagen. Sparen Sie nicht an der Sauce, der Geschmack zu dem zarten Lammfleisch ist unverwechselbar.

1	Lammkeule (3kg)
50g	Butterschmalz
250g	Zwiebeln
3	Knoblauchzehen
3	Zweige Thymian
600ccm	Weißwein
400g	Gorgonzola
600g	Crème Fraîche
-	Pfeffer

1. Lammkeule mit Pfeffer einreiben und mit in Stiften geschnittenem Knoblauch und zerkleinerten Thymianzweigen spicken.

2. Butterschmalz im Bräter erhitzen und die Keule darin kräftig anbraten.

3. Die geviertelten Zwiebeln kurz mit anbraten.

4. Gut ¼ l Weißwein dazugießen – der Topfboden muss auf jeden Fall bedeckt sein - und den Bräter in den vorgeheizten Backofen (225 Grad/Gas Stufe 4) schieben.

5. Roquefort mit 200g Crème fraiche glattrühren.

6. Die Lammkeule nach 10 Min. so drehen, dass die wölbte Oberseite unten liegt und dann mit der Käsecrème bestreichen.

7. Keule weitere 45 Min. offen garen, dann wenden, mit Sauce begießen und weitere 45 Min. garen. Dabei ruhig hin und wieder mit Sauce begießen.

8. Die Keule evtl. in den letzten 20 Min. mit Alufolie abdecken, da sie ansonsten oben zu dunkel wird.

9. Anschließend das Fleisch warm stellen, den Bratenfond im Bräter lösen und in einen kleinen Topf umgießen.

10. Die restliche Crème fraiche und den restlichen Wein dazu geben und die Sauce bei starker Hitze unter Rühren einkochen lassen, bis sie schön sämig ist.

Lammkeule...

TIPP von PETRA:

„Bratkartoffeln oder Kartoffelgratin zum Lamm kann jeder. Probieren Sie doch einmal unser Selleriegratin."

500g	Sellerie
1	Knoblauchzehe
1 EL	Butter
400ml	Sahne
100g	Parmesan
-	Meersalz
1 Msp	frisch geriebene Muskatnuss

1. Sellerie putzen und in dünne Scheiben schneiden, 5 Min. in Salzwasser garen und abtropfen lassen.
2. Eine feuerfeste Form mit der Knoblauchzehe ausreiben und buttern.
3. Die Selleriescheiben dachziegelartig einfüllen.
4. Sahne mit Salz und Muskat verrühren und über den Sellerie gießen.
5. Parmesankäse darüber reiben und bei 180 Grad ca. 40 Min. im vorgeheizten Backofen garen.

69

Von saftigen Sylter Wiesen…

TIPP von GELA:

„Wenn Ihre Birnen nicht so geschmackvoll sein sollten – kann ja leider passieren – helfen Sie mit naturtrübem Birnensaft nach. Die Sauce bitte unbedingt warm servieren.“

Speck...

Birnen, Bohnen, Speck

Ich kenne kaum einen meiner Gäste, der nicht bei dem schlichten Namen dieses Gerichtes zumindest erstaunt geschaut hat, wenn nicht sogar die Stirn gekräuselt hat. Die Festländer verstehen nicht, warum wir uns in der Birnenzeit immer so darauf freuen, weil man ja zunächst nichts Besonderes an diesem Gericht entdecken kann. Der Clou ist die mussige Birnensauce, die sowohl Bohnen und Speck als auch den Kartoffeln das gewisse fruchtige Extra gibt!

1 kg	frische grüne Brechbohnen	-	Petersilie
1 kg	grüne Kochbirnen	-	Saft einer halben Zitrone
500g	durchwachsenen Speck	1	Schuss Weißwein
1	Bund Bohnenkraut	1	Prise Zucker
-	Salz		
-	Pfeffer		

1. Den Speck 1 Std. in 1l Wasser kochen.

2. Gewaschene, geputzte Bohnen und Bohnenkraut dazugeben, mit Salz und Pfeffer würzen und 20 Min. leise kochen.

3. Die Hälfte der Birnen darauf legen und alles noch einmal 15 Min. ziehen lassen.

4. Den Speck aus dem Topf nehmen, in Scheiben schneiden und wieder zum Gemüse geben.

5. Die restlichen Kochbirnen schälen, entkernen, in kleine Stücke schneiden und mit Zitronensaft beträufeln.

6. 1 Tasse Wasser mit einem Schuss Weißwein in einem Kochtopf aufkochen, Birnenstücke dazu geben, weich kochen und pürieren und eine Prise Zucker dazu geben.

7. Bohnen mit Speckscheibe und Kartoffeln und vor allem reichlich Birnensauce servieren.

71

Lammfilet mit Süßkartoffelpüree und Cannellinibohnen

Wenn sich, was ja des Öfteren passiert, kurzfristig Gäste ankündigen, ist Lammfilet das ideale Fleisch, weil es schnell zubereitet ist und immer etwas Besonderes darstellt.

600g	**Lammfilet**
5	**Knoblauchzehen**
2 EL	**Thymianblättchen**
-	**Salz, Pfeffer**
1	**Lorbeerblatt**
6 EL	**Olivenöl**

300g	**Süßkartoffeln**
	(davon 8 dünn geschnittene Scheiben aufbewahren)
80 ml	**Milch**
2 TL	**Butter**
1	**Prise Zimt**
-	**Salz**
-	**Pfeffer**
-	**Öl zum Frittieren der Dekoration**

200g	**getrocknete Cannellinibohnen**
1	**Strauß Salbei**
2 EL	**Olivenöl**
-	**Salz**
-	**weißer Pfeffer aus der Mühle**

1. Bohnen mit 2 l Wasser über Nacht einweichen.
2. Am nächsten Tag mit dem Salbei 2 Std. kochen, abgießen und mit 2 EL Olivenöl, Salz und Pfeffer würzen.
3. Lammfilet in Olivenöl, gepresstem Knoblauch, Thymianblättchen, Salz und Pfeffer 1 Std. zugedeckt marinieren.
4. Süßkartoffeln schälen, in Stücke schneiden und 30 Min. in Salzwasser kochen.
5. Das Wasser abgießen, Milch mit Butter, Zucker und Zimt erhitzen, zu den Kartoffeln geben und das Ganze pürieren und mit Salz und Pfeffer abschmecken.
6. Lammfilets mit dem Lorbeerblatt und der Marinade in einer Pfanne bei hoher Temperatur anbraten, runter schalten und pro Seite 3 Min. weiterbraten. Danach zugedeckt warmstellen.
7. Lammfilets aufschneiden, mit den Bohnen und Süßkartoffeln auf einen Teller geben. Mit einem Salbeiblatt und in Fett frittierten Süßkartoffelscheiben anrichten.

TIPP von GELA:

„Es ist jetzt 17:00 Uhr und die Gäste kommen heute Abend? Servieren Sie das Lammfilet einfach mit Ratatouille und ofenwarmem Baguette."

Lammfilet...

73

Von saftigen Sylter Wiesen…

TIPP von GELA:

„Probieren Sie die Lammkoteletts auch einmal mit Puy-Linsen, frischen Kräutern und altem Balsamico. Ein Genuss!"

74

Lammkotelett...

Lammkotelett mit Steckrübenmus und grünen Bohnen

Warum unser Lammkotelett so gut schmeckt? Es steht und fällt mit der Lamm-gewürzmischung mit Fenchel- und Selleriesamen, Zitronengras und Veilchenblüten …

8	**Lammkoteletts**
8 EL	**Olivenöl**
3	**Knoblauchzehen**
4	**Zweige Rosmarin**
-	**Lammgewürz**
-	**Salz, Pfeffer**

1 kg	**Steckrüben**
250g	**Kartoffeln**
250g	**Möhren**
40g	**Butter**
1/8 - 1/4 l	**Milch**
-	**frischgeriebene Muskatnuss**
-	**Salz**

1 kg	**grüne Bohnen**
20g	**Butter**
-	**Salz**

1. Lammkoteletts in eine Schale geben, mit Lammgewürz würzen.

2. Knoblauchzehen pellen und kleinschneiden, Rosmarinnadeln abstreifen.

3. Knoblauch und Rosmarin mit Olivenöl mischen, salzen, pfeffern und über das Fleisch geben und zugedeckt über Nacht marinieren.

4. Lammkoteletts in einer Pfanne in 3 EL der Marinade von beiden Seiten je ca. 2 Min. braten.

5. Für das Steckrübenmus Steckrübe, Kartoffeln und Möhren schälen und kleinschneiden, in Butter andünsten, salzen, pfeffern und in wenig Wasser 30 Min. gar kochen. Flüssigkeit abgießen, Milch zugeben, mit dem Kartoffelstampfer grob stampfen, mit Salz und Muskatnuss würzen.

6. Grüne Bohnen waschen, putzen, in Salzwasser ca. 15 Min. zugedeckt garen, abgießen, salzen und in Butter schwenken.

7. Alles zusammen mit frischem Rosmarin dekoriert anrichten.

76

Rote Grütze, Eierlikörtorte, Mehlbeutel & Co.

DAS SÜSSE FINALE

Rote Grütze mit Vanilleeis, Milch und Sahne

Ob mit Milch, Sahne oder Vanilleeis? Meine Antwort lautet: „Das volle Programm, bitte!"
Unser typisches Sylter Dessert können Sie ganz einfach nachkochen. Das Rezept gibt
es hier sofort für 6 Personen. Auch wenn Sie nur zu Viert sein sollten, ich verspreche Ihnen,
die Schüssel wird leer werden.

1 l	Johannesbeer- oder Himbeersaft
500g	rote Früchte (Erdbeeren, Kirschen, Himbeeren)
60g	Speisestärke
1	Vanillestange
1/2	Zimtstange
200g	Zucker

1. Die Speisestärke in 100 ccm Saft anrühren.

2. Den restlichen Saft mit der aufgeschnittenen Vanilleschote, der Zimtstange und dem Zucker aufkochen.

3. Die Stärkelösung einrühren, einmal kräftig aufkochen lassen und die Vanille- und die Zimtstangen entfernen.

4. Früchte dazugeben und die Grütze in eine Schale füllen.

Dazu gibt es Vanilleeis und eine Mischung aus Milch und Sahne (halb und halb)!

TIPP von PETRA:

„Die Rote Grütze schmeckt auch hervorragend mit Waffeln zum Kaffee. Als echtes „Hüftgold" empfehle ich dazu eine Vanillesahne."

Rote Grütze...

Eierlikörtorte

Sieht toll aus und ist wirklich ganz einfach! In unserer Familie ein absolutes Muss, wenn Geburtstag – egal zu welcher Jahreszeit – gefeiert wird.

4	**Eier**
125g	**Zucker**
150g	**grob gehackte Haselnüsse**
100g	**Raspelschokolade zartbitter**
1 TL	**Backpulver**
500ccm	**Sahne**
150ccm	**Eierlikör**

1. Die Eier trennen und das Eiweiß mit der Hälfte des Zuckers steif schlagen.

2. Eigelb mit dem Rest Zucker zu einer weißlich cremigen Masse schlagen.

3. Nüsse, Schokolade und Backpulver unter die Eigelbmasse heben.
   Dann die Eiweißmasse unterziehen.

4. Eine Springform fetten, den Teig hinein geben und ca. 30 Min. im vorgeheizten Backofen
   auf mittlerer Schiene bei 180 Grad backen.

5. Den Tortenboden auskühlen lassen und dann mit geschlagener Sahne bestreichen.

6. In der Sahneschicht eine Mulde von 20 cm Durchmesser bilden und mit 150 ccm Eierlikör füllen.

7. Das Ganze mindestens 3 Std., besser über Nacht, ziehen lassen.

TIPP von GELA:

„Für Kinder können Sie die Torte auch abwandeln, indem Sie statt des Eierlikörs Rote Grütze in die Mitte gießen. – Wird so auch von großen Kindern gerne gegessen!"

Eierlikörtorte...

Fliederbeersuppe mit Schwemmklößchen

In der nasskalten Jahreszeit, wenn die Nase so richtig kribbelt,
hat die Fliederbeersuppe bei uns Hochsaison.

2 l	Holunderbeersaft
2	mittelgroße Äpfel (wahlweise Quitten)
-	Schale von 1 Zitrone
50g	Zucker
50g	Stärkemehl
1/8 l	Rum

Für die Schwemmklößchen:

1/4 l	Milch
30g	Butter
-	Muskatnuss
-	Salz
125g	Mehl
2	Eier

1. Holunderbeersaft mit Zitronenschale und klein geschnittenen Äpfeln 15 Min. köcheln lassen.

2. Mit in Wasser angerührtem Stärkemehl binden und Zucker und Rum zugeben. Fertig!

3. Für die Schwemmklößchen Milch mit Butter und Gewürzen aufkochen.
   Mehl dazu geben und gut durchrühren.

4. Die Masse in eine Schüssel geben und beide Eier unterrühren.

5. Von der Masse mit einem Löffel Klöße abstechen und diese in kochendem Salzwasser garen
   bis sie an die Oberfläche kommen.

6. Die Klöße herausnehmen, abtropfen lassen und vorsichtig in die Teller mit der
   Fliederbeersuppe geben.

TIPP von GELA:

*„Wenn wirklich eine Grippe droht, nehmen echte
Nordfriesen statt der Klößchen einen kräftigen
Schuss Rum und machen aus der Suppe einen
Schlummertrunk."*

82

Fliederbeersuppe...

Mehlbeutel

Sein Name klingt nicht gerade verheißungsvoll wie der der „Götterspeise", aber für alle Naschkatzen und Schleckermäuler – auch und gerade erwachsene – ist er ein absolutes Muss. Sie sollten auf jeden Fall für diejenigen, die vielleicht zunächst dankend ablehnen, unbedingt einen „Räuberlöffel" bereithalten.

6	Eier
3/8 l	Milch
70g	Butter
70g	Schmalz
650g	Mehl
150g	Rosinen
-	abgeriebene Schale von 1 Zitrone
2	Prisen Salz
2	Prisen Kardamom

1. Eier trennen und Eiweiß steif schlagen.

2. Eigelb, Gewürze und Milch gut verschlagen und das geschmolzene, etwas abgekühlte Fett langsam dazugeben.

3. Mehl mit Zitronenschale mischen und vorsichtig unter die Masse ziehen.

4. Ein Baumwolltuch anfeuchten, mit Mehl bestreuen, darauf die gewaschenen Rosinen legen und den Teig darauf geben.

5. Die 4 Zipfel des Tuches zusammenfassen und über Kreuz zusammenknoten. Durch das Kreuz 2 Kochlöffel hindurch stecken und über einen Kochtopf mit Wasser hängen. Achtung, der Mehlbeutel sollte nur zur Hälfte im Wasser hängen.

6. Im zugedeckten Topf 1,5 Std. köcheln lassen.

7. Aus dem Tuch lösen und mit geschmolzener Butter, braunem Zucker oder einer Fruchtsoße servieren.

TIPP von GELA:

„Auch ein Pflaumenkompott, etwas angereichert mit Grappa, ist dazu nicht zu verachten. Und für diejenigen, die sich so in ihn verliebt haben, dass sie ihn gerne auch als Hauptspeise genießen würden, empfehle ich ausgelassenen Speck in Würfel geschnitten und Rübensirup als Beilage."

Mehlbeutel...

86

Pflaume, Mirabelle, Quitte & Co.

SYLTER FRÜCHTCHEN - SÜSS UND HOCHPROZENTIG

Im Sommer geerntet und im Winter so richtig genossen: Aus unseren Sylter Früchtchen lässt sich so allerlei Leckeres herstellen.

Quittengelee

Ca. 2-2,5 kg Quitten (Sie benötigen 750 ml Saft)
500g Gelierzucker 2:1
1 Vanilleschote

1. Quitten waschen, abtropfen lassen, Blüten, Stiele und Kerngehäuse entfernen und nach Möglichkeit dampfentsaften.

2. Falls Sie keinen Dampfentsafter haben, können Sie die Früchte auch knapp mit Wasser bedeckt weich kochen und durch ein Küchentuch ablaufen lassen.

3. Den so gewonnenen und erkalteten Saft mit dem Gelierzucker und der Vanilleschote in einen sehr großen Topf geben.

4. Die Masse 4 Min. sprudelnd kochen lassen (Achtung, es schäumt sehr stark!) und dann gut abschäumen.

5. Alles sehr heiß in gut ausgespülte Gläser geben und sofort mit einem Schraubdeckel (Twist-Off) verschließen.

TIPP von HEDWIG:

„Falls auf dem Markt keine Quitten zu bekommen sind, können Sie auch Quittensaft aus dem Reformhaus nehmen und zusätzlich zur Vanille einen Hauch Zimt hinzufügen."

Sylter Fruchtmix-Konfitüre
Rhabarber-Erdbeere-Nektarine

400g Rhabarber
400g Erdbeeren
200g Nektarinen
500g Gelierzucker 2:1
   - gemahlene Bourbon-Vanille

Hinweis: Da die Früchte sehr wenig Pektin enthalten, ist es ratsam, ca. 50-60g Gelierzucker zusätzlich hinzuzufügen oder die Fruchtmenge um ca. 100g zu verringern.

1. Früchte waschen, abtropfen lassen und in kleine Stücke schneiden.

2. Gesamtmenge bitte vorbereitet wiegen und zusammen mit dem Gelierzucker in einen großen Topf geben.

3. Früchte unter ständigem Rühren zum Kochen bringen und 4 Min. sprudelnd kochen lassen. Masse zwischendurch abschäumen.

4. Masse nach Belieben mit einem Kartoffelstampfer grob zerdrücken.

5. Anschließend mit gemahlener Bourbon-Vanille abschmecken und sofort in heiß ausgespülte Gläser füllen.

6. Gläser mit einem Twist-OFF Deckel fest verschließen und für ca. 5 Min. auf den Kopf stellen.

TIPP von HEDWIG:

„Verfeinern Sie auch diese Konfitüre mit einem Schuss Likör, Rum oder Weinbrand. Lecker!"

90

Fruchtmix...

91

Sylter Fruchtmix-Konfitüre Apfel-Birne-Holunderbeere

500g **Äpfel**
300g **Birnen**
200g **Holunderbeeren**
500g **Gelierzucker 2:1**
  - **gemahlene Bourbon-Vanille**
  - **gemahlener Zimt**

1. Äpfel und Birnen waschen, abtropfen lassen und wie für einen Obstsalat mit Schale in kleine Stücke schneiden.

2. Holunderbeeren waschen, abtropfen lassen und vorsichtig von den Dolden zupfen.

3. Gesamtmenge vorbereitet wiegen und zusammen mit dem Gelierzucker in einen großen Topf geben.

4. Unter ständigem Rühren die Masse zum Kochen bringen und 4 Min. sprudelnd kochen lassen. Zwischendurch gut abschäumen.

5. Die Masse anschließend mit einem Kartoffelstampfer nach Belieben grob zerdrücken.

6. Mit gemahlener Bourbon-Vanille und Zimt abschmecken und sofort in heiß ausgespülte Gläser füllen.

7. Gläser mit einem Twist-Off-Deckel fest verschließen und für ca. 5 Min. auf den Kopf stellen.

TIPP von HEDWIG:

„Anstelle der Holunderbeeren können Sie auch 200ml Holundersaft verwenden. Ein kleiner Schuss Calvados oder Williamsbirne passt hervorragend dazu und verfeinert den außergewöhnlichen Geschmack dieser leckeren Konfitüre."

TIPP von HEDWIG:

„Anstatt des braunen Rums können Sie auch Weinbrand und anstatt des weißen Rums auch Korn (32%) verwenden. Der Geschmack des jeweiligen Likörs wird noch intensiver, wenn Sie einige Früchte mit Stein einfüllen."

rote Mirabelle

Likör...

Klar kennen wir Sylter außer Köm auch noch andere Spezialitäten, die das Herz - und nicht nur das - erwärmen. Ein echter Sylter ist trinkfest und Obst ist schließlich gesund. Aber selbst gemacht sollten die „Früchtchen" schon sein! Die Zubereitung ist für beide Liköre identisch:

Sylter Pflaumenlikör

600g Pflaumen
600g weißer Kandiszucker
   2 Flaschen Rum (42%)

Sylter Mirabellenlikör

500g rote Mirabellen
500g weißer Kandiszucker
   2 Flaschen weißer Rum

1. Früchte waschen, abtropfen, entsteinen und halbieren.

2. Fruchtstücke zusammen mit Kandiszucker und Rum in ein sehr großes Gefäß (z.B. ein Gurkenglas 1580 ml) geben.

3. Das Ganze ca. 2 Monate ruhen lassen, ab und zu schütteln oder umrühren.

4. Danach abseihen und anschließend durch einen Kaffeefilter in schöne Flaschen oder Karaffen filtern.

5. Nochmals 4 Wochen oder länger ruhen lassen.

95